BEI GRIN MACHT SICH IHR WISSEN BEZAHLT

- Wir veröffentlichen Ihre Hausarbeit, Bachelor- und Masterarbeit

- Ihr eigenes eBook und Buch - weltweit in allen wichtigen Shops

- Verdienen Sie an jedem Verkauf

Jetzt bei www.GRIN.com hochladen und kostenlos publizieren

Bibliografische Information der Deutschen Nationalbibliothek:

Die Deutsche Bibliothek verzeichnet diese Publikation in der Deutschen Nationalbibliografie; detaillierte bibliografische Daten sind im Internet über http://dnb.d-nb.de/ abrufbar.

Dieses Werk sowie alle darin enthaltenen einzelnen Beiträge und Abbildungen sind urheberrechtlich geschützt. Jede Verwertung, die nicht ausdrücklich vom Urheberrechtsschutz zugelassen ist, bedarf der vorherigen Zustimmung des Verlages. Das gilt insbesondere für Vervielfältigungen, Bearbeitungen, Übersetzungen, Mikroverfilmungen, Auswertungen durch Datenbanken und für die Einspeicherung und Verarbeitung in elektronische Systeme. Alle Rechte, auch die des auszugsweisen Nachdrucks, der fotomechanischen Wiedergabe (einschließlich Mikrokopie) sowie der Auswertung durch Datenbanken oder ähnliche Einrichtungen, vorbehalten.

Impressum:

Copyright © 2014 GRIN Verlag, Open Publishing GmbH
Druck und Bindung: Books on Demand GmbH, Norderstedt Germany
ISBN: 9783668223851

Dieses Buch bei GRIN:

http://www.grin.com/de/e-book/323243/gruppenzwang-und-konformitaetsdruck-der-asch-effekt-und-seine-konsequenzen

Nina Schibielsky

Gruppenzwang und Konformitätsdruck. Der Asch-Effekt und seine Konsequenzen für pädagogisches Handeln

Zur Methodik und den Ergebnissen des Asch-Experiments

GRIN Verlag

GRIN - Your knowledge has value

Der GRIN Verlag publiziert seit 1998 wissenschaftliche Arbeiten von Studenten, Hochschullehrern und anderen Akademikern als eBook und gedrucktes Buch. Die Verlagswebsite www.grin.com ist die ideale Plattform zur Veröffentlichung von Hausarbeiten, Abschlussarbeiten, wissenschaftlichen Aufsätzen, Dissertationen und Fachbüchern.

Besuchen Sie uns im Internet:

http://www.grin.com/

http://www.facebook.com/grincom

http://www.twitter.com/grin_com

Universität Osnabrück

Ausarbeitung zum Referat " Asch-Effekt"

Nina Franziska Schibielsky
Pflegewissenschaft

Inhaltsverzeichnis

1 Einleitung..3

2 Der Asch – Effekt..3

2.1 Konformität...3

2.2 Formen von Konformität...4

2.3 Einfluss durch Minderheiten..7

2.4 Solomon Asch...8

2.5 Das Asch – Experiment...8

2.5.1 Das Ergebnis des Asch – Experiments....................................9

2.5.2 Pädagogische Konsequenzen des Asch- Experiments...........10

Schluss..11

Quellenverzeichnis

Abbildungsverzeichnis
Abb. 1: Bedürfnispyramide nach Abraham Maslow
  (Herrmann/ Fritz 2011, S. 114)

Abb. 2: (A) = Standardlinie; (1,2,3)= Vergleichslinien
  (Zimbardo/ Gerrig 2008, S. 675)

Abb. 3: Grafische Darstellung der Ergebnisse der Asch – Studie
  (Zimbardo/ Gerrig 2008, S. 675)

1. Einleitung

„Laut Aktion Jugendschutz verbirgt sich hinter dem Begriff Mobbing das systematisch wiederholte Schikanieren von Einzelnen und dies über einen längeren Zeitraum hinweg. Mobbing tritt laut ajs vor allem in Zwangsgemeinschaften wie der Schule oder dem Kindergarten auf. [...]Die Gruppe spiele dabei eine zentrale Rolle. Täter fänden Unterstützung in einem Teil der Gesamtgruppe. Aus Angst, selbst in die Gewaltspirale hineingezogen zu werden, schweige der Rest und billige damit das Geschehen." (Focus online 2006)

Die vorliegende Ausarbeitung beschäftigt sich mit dem Thema "Asch – Effekt". Besonders in der heutigen Zeit erlangt das Thema Asch – Effekt oder auch Gruppenzwang an enormer Wichtigkeit. Wie eingangs mit dem Zeitungsartikel dargestellt, ist das Wissen um diesen Effekt verstärkt für pädagogische Bereiche von Bedeutung. Ziel dieser Ausarbeitung ist es, den Asch-Effekt zu verdeutlichen und insbesondere die daraus resultierenden Folgen aufzuzeigen.

2. Der Asch - Effekt

Bevor der Asch – Effekt detailliert dargestellt werden kann, ist es von Nöten den Begriff der Konformität darzulegen und zu erläutern. Im Anschluss daran wird kurz und prägnant Solomon Asch charakterisiert und seine Studie vorgestellt. Zuletzt wird dann auf das Ergebnis der Asch – Studie und die daraus resultierenden pädagogischen Konsequenzen eingegangen.

2.1 Konformität

Mit dem Begriff der Konformität ist das Übernehmen von sozialen Normen einer Gruppe gemeint. *„Konformität ist die Tendenz von Menschen, das Verhalten und die Meinungen anderer Gruppenmitglieder zu übernehmen."* (Zimbardo/Gerrig 2008, S. 674)
Konformität umgibt uns in verschiedenen Situationen im Alltag. So tragen viele Menschen bestimmte Kleidung, weil sie 'angesagt' ist, rauchen, weil alle in der Gruppe rauchen oder entwickeln einen Musikgeschmack, den auch die Freunde teilen (vgl. Zimbardo/Gerrig 2008, S. 676).

2.2 Formen von Konformität

Es gibt zwei Formen der Konformität. Zum einen den Prozess des Informationseinflusses und zum anderen den Prozess des Normeneinflusses.

Der Prozess des Informationseinflusses ist das Bestreben nach angemessenem Verhalten und das Verstehen hiervon in bestimmten Situationen. Eine wichtige Voraussetzung hierfür ist eine mehrdeutige Situation. Hiermit sind Situationen gemeint, aus denen kein eindeutiges angemessenes Verhalten hervorgeht. So wissen wir beispielhaft bei unserem ersten Kirchengang nicht, wie wir uns in der Kirche korrekt verhalten müssen und wann man beispielsweise aufsteht. Um dies zu erfahren, beobachten wir in der Regel unsere Mitmenschen und ahmen ihr Verhalten nach. Wir gehen davon aus, dass andere Menschen qualifiziertere und nützlichere Quellen sind, als wir selbst (vgl. Aronson/Wilson/Akert 2008, S. 278). Als ein drastisches Beispiel für fehlgeleiteten informativen Einfluss zählt der Vorfall des My Lai-Massakers, welcher sich zur Zeit des Vietnamkrieges, im Jahr 1968, zutrug. Unerfahrene amerikanische Soldaten sollten in ein Dorf (My Lai) gebracht werden. Unterwegs erhielten sie die Nachricht von einem Piloten, dass das Dorf durch die Feinde besetzt sei. In Schussbereitschaft betraten die Soldaten My Lai. Dort warteten jedoch nicht die Feinde auf sie, sondern die Dorfbewohner. Trotz der nicht bevorstehenden Gefahr gab ein Leutnant jedoch den Befehl, die Dorfmitglieder zu töten. Ein Soldat begann sofort mit der Ermordung. In kurzer Zeit schlossen sich auch die anderen anwesenden Soldaten an. Es wurden alle Dorfbewohner hingerichtet (vgl. Aronson/Wilson/Akert 2008, S. 271).

Der Prozess des Normeneinflusses hingegen ist das Bedürfnis von Mitmenschen akzeptiert und geschätzt zu werden. Festgelegte Normen können auch dann geltend gemacht werden, wenn die Gruppe, die diese Norm festgelegt hat, nicht mehr existiert. Ein Beispiel hierfür sind Normen der Kirche, die vor vielen Jahrtausenden durch Menschen festgelegt wurden, die heute schon lange verstorben sind.

Menschen sind nicht in der Lage sich ohne soziale Kontakte wohlzufühlen. Dies wird unter anderem durch die Maslowsche Bedürfnispyramide dargestellt. Der amerikanische Psychologe Abraham Maslow hat im Jahr 1958 ein Modell definiert, welches die Motivation der Menschen darstellen soll. Die Bedürfnispyramide ist in fünf verschiedene Ebenen eingeteilt (Physiologische Grundbedürfnisse, Sicherheitsbedürfnis, Kontakt- und Zugehörigkeitsbedürfnis, Anerkennungsbedürfnis sowie das Bedürfnis nach Selbstverwicklung). Maslow geht davon aus, dass die Menschen zunächst der Bedürfnisse der untersten Ebene (Physiologische Grundbedürfnisse) Genüge leisten.

Erst im Anschluss wird die höhere Ebene für den Menschen von Bedeutung. Die untersten drei Ebenen werden von Abraham Maslow als Defizitbedürfnisse definiert.

Abb. 1: Bedürfnispyramide nach Abraham Maslow (Herrmann/ Fritz 2011, S. 114)

So sind Menschen erst in der Lage sich wohlzufühlen, wenn diese drei Stufen befriedigt wurden. Zu diesen Defizitbedürfnissen gehört, wie auf der Abbildung zu sehen, ebenfalls das Bedürfnis nach sozialen Kontakten (vgl. Herrmann/Fritz 2011, S. 114f.). Dieses Zugehörigkeitsbedürfnis/ Kontaktbedürfnis führt häufig zum öffentlichen Compliance (Zustimmung) ohne private Akzeptanz. Das bedeutet, dass sich Menschen auch dann anschließen, obwohl sie eigentlich eine andere Meinung vertreten. Ein Beispiel hierfür ist das unten beschriebene Asch – Experiment (vgl. Aronson/Wilson/Akert 2008, S. 281). Laut Aronson, Wilson und Akert (2008, S. 291) gibt es variierende Gründe, welche sozialen Einfluss begünstigen. Zum einen die Stärke im Hinblick auf die Wichtigkeit der Gruppe. So wird davon ausgegangen, dass der normative Einfluss einer Gruppe verstärkt wird, wenn Menschen sich zu dieser zugehörig fühlen und Emotionen mit ihr verbinden. In solchen Situationen steigt die Konformität merklich. Zum anderen beeinflusst die Unmittelbarkeit in Abhängigkeit, wie nahe einem die Gruppe räumlich und zeitlich während des Einflussversuches ist. Zuletzt begünstigt die Anzahl der Menschen in der Gruppe sozialen Einfluss (vgl. Latanes 1981 zitiert nach Aronson/Wilson/Akert 2008, S. 291f.).

Um das Ausmaß der Konformität in unserer Gesellschaft noch einmal zu verdeutlichen ist die 1996 entstandene Studie von Robert Baron und seinen Kollegen zu erwähnen. Hierbei sollte der Einfluss der Wichtigkeit auf normativen – sowie informativen Einfluss verdeutlicht werden. Die Forscher stellten sich die Frage, ob Konformität bei zunehmender Wichtigkeit sinkt (Aronson/Wilson/Akert 2008, S. 274). Ihre Studie zeigte in Bezug auf informativen Einfluss, dass bei steigender Wichtigkeit einer Situation die Konformität in mehrdeutigen Situationen steigt (Aronson/Wilson/Akert 2008, S. 275). Robert Baron und seine Kollegen schufen eine Situation, bei der Probanden vorgegebene 'Täter' identifizieren sollten. Den Probanden wurden zu nächst vor jedem Durchgang ein Bild des jeweiligen Täters für eine halbe Sekunde gezeigt. Im Anschluss daran sollten sie aus einer vierer Männergruppe die Person identifizieren, die zuvor als 'Täter' gezeigt wurde. Hierbei ist anzumerken, dass der Täter in der Vierergruppe nicht die gleiche Kleidung trug wie auf dem zuvor gezeigten Bild. Das Identifizieren der gesuchten Person fand öffentlich in der jeweiligen Versuchsgruppe statt. Jede Gruppe bestand aus vier Mitgliedern. Drei von ihnen waren Helfer der Forscher, die zuvor über die Studie informiert wurden, ein Gruppenmitglied war der eigentliche Proband. Die drei eingeweihten der Forscher gaben ihre Einschätzung der Zuordnung des Täters zuerst ab. Um Konformität in wichtigen Situationen zu messen, gab es zwei große Testgruppen in der Studie um Baron. Zum einen die Gruppe mit hoher Wichtigkeit, der zu Beginn des Tests erklärt wurde, dass dieses Verfahren später einmal zur Auswahl von Augenzeugen angewandt werden soll und das Ergebnis dieses Testdurchlaufes dann die Normwerte darstellt. Weiterhin wurden die Teilnehmer durch die Aussicht auf Geld bei besonders genauen Werten motiviert. Zum anderen gab es die Teilnehmergruppe mit geringer Wichtigkeit, der erklärt wurde, dass der Test lediglich als Vorstudie zählt. Wie oben bereits erwähnt, zeigte dieser Versuch, dass sich Menschen vermehrt in erschwerten mehrdeutigen Situationen und steigender Wichtigkeit auf das Urteil anderer verlassen (Aronson/Wilson/Akert 2008, S. 274).

Zusätzlich wollten Baron und seine Kollegen ebenfalls die Bedeutung der Wichtigkeit in Bezug auf normativen Einfluss darstellen. Hierzu nutzten sie erneut die oben beschriebene Aufgabe der Täteridentifizierung. Um jedoch die mehrdeutige Situation auszuschließen, gab es eine veränderte Variable. Statt, wie bei dem Versuch des informativen Einflusses, das Täterbild für eine halbe Sekunde zu zeigen, sahen die Probanden das Bild für mehrere Sekunden und zweimal hintereinander. Wieder gab es, wie oben beschrieben, zwei Testgruppen. In der Gruppe mit geringer Wichtigkeit lag die Konformitätsrate bei 33%. In der Gruppe mit starker Wichtigkeit hingegen lag die Konformitätsrate bei lediglich 16%. Hieraus lässt sich der Schluss ziehen, dass anders als bei dem informativen Einfluss, die Konformität mit steigender Wichtigkeit sinkt (Baron et al. 1996 zitiert nach Aronson/Wilson/Akert 2008, S. 284f.).

2.3 Einfluss durch Minderheiten

Wichtig zu erwähnen ist, dass bei Konformität nicht nur Mehrheiten, auch als Majorität bezeichnet, Einfluss auf unterlegene Gruppen nehmen (vgl. Fischer/Asal/Krueger 2013, S. 147f.). In Bezug auf Konformität gibt es auch den Begriff des Minderheiteneinflusses (vgl. Aronson/Wilson/Akert 2008, S. 297). Hiermit ist die Fähigkeit von Minderheiten, auch als Minoritäten bezeichnet, gemeint, andere Gruppenmitglieder zum Umdenken von verschiedenen Situationen und Thematiken zu bewegen (vgl. Zimbardo/Gerrig 2008, S. 677). Dies gelingt jedoch nur, wenn die Minoritäten kontinuierlich ihre Meinung vertreten. Die Majorität wird so dazu veranlasst, ein zweites Mal den Fokus auf die Thematik zu richten. Bei Menschen, die der Mehrheit angehören, entsteht ein kognitiver Konflikt. Die Frage, die für sie im Raum steht ist, ob die Meinung der Minderheiten eventuell doch über einen gewissen Wahrheitsgehalt verfügt (vgl. Fischer/Asal/Krueger 2013, S. 148).

Serge Moscovici, ein pariser Vorreiter im Bereich der Forschung des Einflusses von Minderheiten, äußert folgende Aussage:

„Mit der Zeit kann die Macht der Vielen, [...], von der Überzeugung der engagierten Wenigen unterhöhlt werden" (Zimbardo/Gerrig 2008, S. 677)

Ein Beispiel hierfür ist der Fall der Berliner Mauer im Jahr 1989. Zunächst demonstrierte nur eine Minderheit gegen die Mauer. Viele Menschen akzeptierten die Situation eines geteilten Deutschlands. Nach einigen Monaten wandelte sich diese Minderheit jedoch zu einem Massenprotest, dessen Resümee der Fall der Berliner Mauer und die Wiedervereinigung von Deutschland darstellt. Blickt man auf die Geschichte der Menschheit zurück, gibt es vermehrt prägnante Neuerungen in der Entwicklung der Gesellschaft die auf Minderheiteneinfluss zurückzuführen sind (vgl. Fischer/Asal/Krueger 2013, S. 147f.).

Nicht ungenannt sollte auch der bedeutendste Unterschied zwischen Majoritäts- und Minoritätseinfluss bleiben. Wie oben bereits erwähnt, ist Konformität in Normativer- und Informationseinfluss unterteilt. Spricht man von Mehrheitseinfluss so ist sowohl Normativer- als auch Informationseinfluss ein möglicher Grund der Konformität. Bei Minderheiteneinfluss ist die Form des normativen Einflusses keine Möglichkeit, da die Meinung der Minderheit in der Regel für die Mehrheit irrelevant ist. Minoritäten können daher nur in Form des Informationseinflusses eine Konformität erreichen (vgl. Aronson/Wilson/Akert 2008, S.297f.).

2.4 Solomon Asch

Solomon Asch ist 1907 in Warschau geboren. Im Jahr 1920 wanderte seine Familie gemeinsam mit ihm in die USA aus. Nachdem er sein Studium abschloss, belegte er eine Professur für Psychologie. Asch gilt als ein Pionier im Bereich der Sozialpsychologie. Vor allem in den 50er Jahren trug er zu der Entwicklung dieser bei. 1951 veröffentlichte er das Asch-Experiment. Durch ihn entsandt der sogenannte Asch-Effekt. 1996 verstarb Solomon dann (vgl. DNB 2014).

2.5 Das Asch – Experiment

Das sogenannte Asch – Experiment ist eine Studie bei der Salomon Asch Grenzen von Übereinstimmung aufzeigen wollte. Sein Ziel war es zu verdeutlichen, dass sich Menschen in eindeutigen Situationen der Konformität abwenden (vgl. Aronson/Wilson/Akert 2008, S. 282).

Solomon Asch ließ die Probanden seiner Studie in dem Glauben, dass es sich bei der Studie um Wahrnehmungsbeurteilungen handelt. Die Aufgabe der Teilnehmer bestand darin, in 18 Durchgängen eine vorgegebene Linie mit drei anderen Linien zu vergleichen und zu entscheiden, welche der Standardlinie entspricht und dies laut auszusprechen.

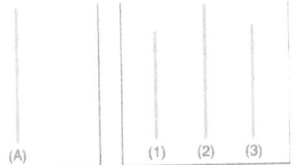

Hierbei ist zu bemerken, dass die identische Linie stets eindeutig zu erkennen war.
Abb. 2: (A) = Standardlinie; (1,2,3)= Vergleichslinien (Zimbardo/ Gerrig 2008, S. 675)

Das Experiment wurde jeweils in achter Gruppen durchgeführt. Hier ist zu erwähnen, dass nur einer der acht Gruppenmitglieder ein Proband darstellte. Die anderen sieben Teilnehmer waren Verbündete des Versuchsleiters. Sie erhielten die Aufgabe in 12 der 18 Durchgänge eine falsche Einschätzung über die Linien abzugeben. In den ersten Versuchen gaben sämtliche Teilnehmer eine korrekte Antwort über den Längenvergleich ab. Im Anschluss daran entschieden sich die eingeweihten Personen einstimmig und bewusst gegen die richtige Einschätzung. Nun konnte ermittelt werden, wie häufig die Probanden einer falschen Antwort zustimmten und somit in einer eindeutigen Situation konform gingen. Zusätzlich zu den Versuchsgruppen wurde eine Kontrollgruppe gebildet, welche denselben Bedingungen unterlag. Der einzige Unterschied lag darin, dass Anweisungen in Bezug auf die Antwortvorgaben fehlten. So sollten bei dieser Gruppe auch die Verbündeten des Versuchsleiters ihre individuelle Einschätzung mitteilen (vgl. Fischer/Asal/Krueger 2013, S. 141f.).

2.5.1 Das Ergebnis des Asch – Experiments

Wie oben bereits geschildert war Solomon Asch der Auffassung, dass Menschen in eindeutigen Situationen dem Druck der Konformität widerstehen können. Das Ergebnis seiner Studie weist jedoch einen verstärkten Grad an Konformität auf. So stimmten 76% der Probanden in mindestens einem der Durchläufe der falschen Einschätzung zu (vgl. Aronson/Wilson/Akert 2008, S. 282f.). Ein Drittel aller Probanden gingen mindestens in der Hälfte der Durchgänge mit der falschen Meinung der Mehrheit konform (vgl. Zimbardo/Gerrig 2008, S.676). Lediglich 24% aller Teilnehmer blieben unabhängig und entschieden sich stets korrekt (vgl. Aronson/Wilson/Akert 2008, S. 283).

In der Kontrollgruppe lag die Fehlerrate bei 0,7% (vgl. Fischer/Asal/Krueger 2013, S.141.).

Die Probanden, die in den meisten Durchläufen konform mit der Mehrheit gingen, wirkten auf Asch *„desorientiert"* und *„von Zweifeln geplagt"*. (Asch 1952 zitiert nach Zimbardo/Gerrig 2008, S. 676) Zimbardo und Gerrig (2008, S.676) beschreiben in ihrer Literatur drei verschiedene Faktoren, welche das Asch-Experiment beeinflussten:

1. Größe der einstimmigen Mehrheit
2. Anwesenheit eines Meinungspartners
3. Größe der Diskrepanz zwischen dem korrekten physikalischen Stimulusvergleich und der Mehrheitsmeinung

Solomon Asch führte seine Studie weitere Male durch und variierte hierbei lediglich die eben beschriebenen Faktoren. Hierbei ist besonders das Ergebnis hervorzuheben, welches bei der Anwesenheit eines Meinungspartners entstand. Mit einem weiteren Teilnehmer, der die korrekte Einschätzung abgab, waren die Probanden fast in allen Fällen in der Lage der Konformität zu widerstehen und ebenfalls eine korrekte Einschätzung abzugeben. Hier ist anzumerken, dass in diesen Fällen die Konformitätsrate deutlich sinkt (vgl. Zimbardo/Gerrig 2008, S. 676).

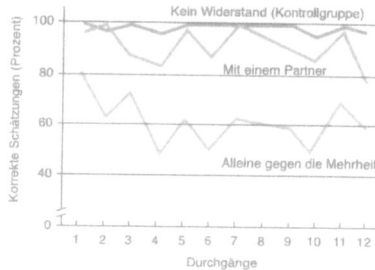

Abbildung 3: Grafische Darstellung der Ergebnisse der Asch – Studie (Zimbardo/ Gerrig 2008, S. 675)

Anders als in Kapitel 2.2 beschrieben, stellt sich durch die Asch – Studie heraus, dass normativer Druck auch in Gruppen entstehen kann, bei denen sich die Gruppenmitglieder nicht kennen. So sind einige der Versuchsteilnehmer in Aschs Studie mit der falschen Antwort konform gegangen, obwohl sie ihre Gruppenmitglieder nie zuvor gesehen haben. Aus erhöhter Angst ein ‚Abweichler' zu sein, entschieden sie sich für das Zustimmen mit der fehlerhaften Linie (vgl. Aronson/Wilson/Akert 2008, S. 283f.).

Im Anschluss an seine Asch – Studie befragte Solomon Asch einige der Menschen, die in dem Versuch fehlerhaft konform gingen. Einige dieser Versuchspersonen erklärten Asch glaubwürdig, dass sie die fehlerhafte Linie als die korrekte Linie ansahen und keine Zweifel an der Richtigkeit hegten. Diese Äußerungen sind insofern von Bedeutung, da sie verdeutlichen, dass normativer Einfluss auf die psychische Wahrnehmung einwirken kann (vgl. Fischer/Asal/Krueger 2013, S. 142).

2.5.2 Pädagogische Konsequenzen des Asch- Experiments

Von großer Bedeutung zu erwähnen sind die pädagogischen Konsequenzen, die speziell für Schulen aus dem Asch Effekt hervor gehen. Es ist jedoch hervorzuheben, dass die Pädagogischen Folgen ebenfalls außerhalb des Schulalltages an zu wenden sind.

Meiner Meinung nach sollte man sich als Lehrer stets ins Bewusstsein rufen, dass Gruppenarbeiten nicht immer produktiv und erfolgreich sind. Die oben beschriebenen Ergebnisse der Asch – Studie verdeutlichen, dass es aus Angst ein Abweichler zu sein, zu Konformität ohne private Akzeptanz kommen kann. Häufige Gruppenarbeiten könnten dazu führen, dass die Meinungen der Minderheit nicht berücksichtigt werden und sie so unterdrückt werden. Vermutlich ist Demokratie aufgrund von Gruppenzwang nur schwer umsetzbar, was dadurch umgangen werden könnte, dass in Schulen beispielsweise

Wahlen zum Klassensprecher oder dergleichen anonym stattfinden. Weiterhin könnte der vermehrte Einsatz von Einzelarbeit freie Meinungsäußerungen und Individualität begünstigen und unterstützen, ohne dass dies durch eventuell vorhandenen Gruppenzwang für den Einzelnen erschwert wird.
Als Auswirkung von Gruppenzwang könnte die vorhandene Gruppendynamik jedoch auch positiv genutzt werden. Hierbei ist vor allem auf Leistungsverbesserung und Verhaltensänderungen einzelner hinzuweisen. Mischt man Gruppen dauerhaft so, dass sich beispielsweise in einer Gruppe vermehrt engagierte Schüler befinden und vereinzelt weniger strebsame Schüler, könnte dies zu einer Verhaltensänderung und damit einhergehender Leistungssteigerung führen.

Schluss:
Zusammengefasst konnte aufgezeigt werden, dass Menschen nicht in jeder Situation mit beispielsweise der Meinung oder Aussagen ihrer Mitmenschen übereinstimmen, es jedoch auch nicht ausgeschlossen ist (vgl. Zimbardo/Gerrig 2008, S. 676). Hierbei ist zu bedenken, dass der Einfluss der sozialen Umwelt zum Beispiel durch Gruppenzwang bewusst oder aber unbewusst sein kann (vgl. Fischer/Asal/Krueger 2013, S. 150). Für mich als Lehramt Studentin ist es wichtig über den Asch – Effekt und die daraus resultierenden Konsequenzen im Allgemeinen sowie speziell für meine spätere Unterrichtspraxis informiert zu sein. Aus meiner persönlichen Erfahrung weiß ich, dass Gruppenzwang ein immer wiederkehrendes Phänomen darstellt. Mir ist, sowohl im Freizeitbereich als auch im Rahmen meiner schulischen und beruflichen Erfahrung aufgefallen, dass Gruppenzwang eine immer gewichtigere Rolle spielt. Es wäre interessant weitere Recherchen zu meiner Vermutung anzustellen und zu überprüfen ob diese zutrifft und wenn ja welche Faktoren das Auftreten des Asch – Effekts in der heutigen Zeit steigern.

Quellenverzeichnis:

Aronson, Elliot/Wilson, Timothy D./Akert, Robin M. (2008): Sozialpsychologie 4. Aktualisierte Auflage, u.a. München: Pearson Studium.

DNB - Deutsche National Bibliothek (2014): Solomon Asch. Frankfurt am Main. URL: https://portal.dnb.de/opac.htm? method=showFullRecord&currentResultId=Solomon+and+Asch %26any&currentPosition=4 (1.8.2014).

Fischer, Peter/Asal, Kathrin/Krueger, Joachim (2013): Sozialpsychologie. Lesen, Hören, Lernen im Web. Berlin/ Heidelberg: Springer Verlag.

Focus Online (2006): Schule. Gruppenzwang Mobbing. URL:http://www.focus.de/familie/psychologie/psychoterror/gruppenzwang-mobbing-schule_id_1764056.html (Stand 30.8.14).

Herrmann, Joachim/Fritz, Holger (2011):Qualitätsmanagement nach der Zertifizierung. In: Hanser Fachbuch: Qualitätsmanagement. Lehrbuch für Studium und Praxis, München: Carl Hanser Verlag GmbH & Co. KG, Seite 114f..

Zimbardo, Philip G./Gerrig, Richard J. (2008): Soziale Prozesse, Gesellschaft und Kultur. In: Pearson Studium: Psychologie. 18. Aktualisierte Auflage, u.a. München: Pearson Studium, Seite 674.

Zimbardo, Philip G./Gerrig, Richard J. (2008): Soziale Prozesse, Gesellschaft und Kultur. In: Pearson Studium: Psychologie. 18. Aktualisierte Auflage, u.a. München: Pearson Studium, Seite 675.

Zimbardo, Philip G./Gerrig, Richard J. (2008): Soziale Prozesse, Gesellschaft und Kultur. In: Pearson Studium: Psychologie. 18. Aktualisierte Auflage, u.a. München: Pearson Studium, Seite 676.

Zimbardo, Philip G./Gerrig, Richard J. (2008): Soziale Prozesse, Gesellschaft und Kultur. In: Pearson Studium: Psychologie. 18. Aktualisierte Auflage, u.a. München: Pearson

BEI GRIN MACHT SICH IHR WISSEN BEZAHLT

- Wir veröffentlichen Ihre Hausarbeit, Bachelor- und Masterarbeit

- Ihr eigenes eBook und Buch - weltweit in allen wichtigen Shops

- Verdienen Sie an jedem Verkauf

Jetzt bei www.GRIN.com hochladen und kostenlos publizieren